Theo von Taane

Witze rund um Eishockey

Humor & Spaß : Neue Eishockeywitze, lustige Bilder und Texte zum Lachen mit Torschuss Effekt!

Bibliografische Information der Deutschen Nationalbibliothek:
Die Deutsche Nationalbibliothek verzeichnet diese Publikation in der Deutschen Nationalbibliografie; detaillierte bibliografische Daten sind im Internet über http://dnb.dnb.de abrufbar.

© 2014 Theo von Taane; 1. Auflage

Texte und Illustrationen: **Theo von Taane**

Herstellung und Verlag: BoD – Books on Demand, Norderstedt

ISBN: 9783734730719

Witze rund um Eishockey

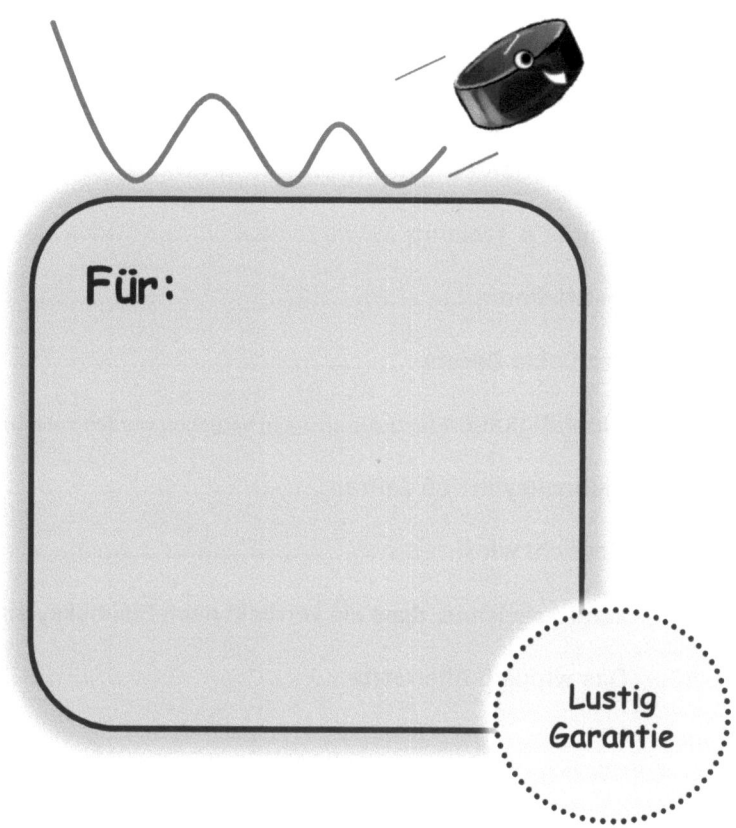

Für:

Lustig
Garantie

Inhaltsverzeichnis Seite

1.   Auf dem Spielfeld…………………………………….   5

2.   Im Clubraum…………………………………………..   26

3.   Fitness und Techniktipps………………………………   29

4.   Gesundheit, Pflege & Mode…………………………..   32

5.   Schiedsrichter…………………………………………..   37

6.   Trainer & Training……………………………………   40

7.   Im Stadion …...………………………………………..   50

8.   Verrückte Berufe………………………………………   52

9.   Clubtätigkeiten (und wie sie <u>nicht</u> vergeben werden sollten)…   55

10. Eishockey in 100 Jahren…….…………………………   57

11. Gesucht wird……………………………………………..   59

12. Zehn Anzeichen, dass sie verrückt nach Eishockey sind.   64

13. Das wirklich Allerletzte……………………………….   65

1. Auf dem Spielfeld

Strafschuss in der Seniorenmannschaft

Zwei alte Herren unterhalten sich nach ihrem Eishockeyspiel. Sagt der eine:

„Hast du meinen Strafschuss gesehen, das war ein Schuss wie in jungen Jahren." Darauf der andere: „Na ja, aber den Herzkaspar hatte der Torwart schon bekommen noch bevor du ausgeholt hattest."

Helikopter Flugstunde

„Also Herr Schmidt, wie oft muss ich Ihnen noch sagen, dass nur die mit einem Kreis umschlossenen **Hs** Landeplätze für Helikopter darstellen. Eishockeyplätze mit ihren typischen Linienmarkierungen gehören definitiv nicht dazu. Bitte starten sie den Helikopter wieder, ich mag es auch nicht, wenn wütende Hockeyspieler Pucks an unser Cockpit schlagen."

Engagement

Während des Trainingsspiels sagt der Mannschaftskapitän zu seinem Angreifer: „Hallo Peter du hast ja ganz schön deinen Sportdress eingesaut. Lass mich raten: Unter Berücksichtigung der Tatsache dass wir hoffnungslos zurückliegen und bei dem Grad deines Engagements heute kann es sich entweder nur um Eisschnee vom Ausruhen auf dem Boden handeln oder schlicht und einfach um Standfrost verursacht durch Bewegungsstarre."

Taschenlampe

Das Team infernale

Während der Pause spricht der Trainer zu seinen Spielern: „Also ihr müsst euch nun langsam mal entscheiden, welchen Karriereweg ihr einschlagen wollt. Entweder das weltbeste Slapstick-Kabarett Ensemble werden oder die Gewinner dieses Eishockeyspiels. Beides gleichzeitig geht nicht."

No Name

Auf den Hund gekommen!

„Hallo Herr Meyer, dass sie ihren Hund mit zum Eishockeyspiel nehmen ist grundsätzlich in Ordnung, aber dass er nach jedem Tor jeweils die andere Spielerbank neu markiert geht nun wirklich zu weit."

Spieltaktik

Zukunftsgemurmel

Spielverlust

„Hallo Herr Meyer, sagen sie mal weshalb kniet denn unser Trainer auf dem Spielfeld und schaut permanent nach unten?" Meyer:
„Er sucht das Körnchen Glück, dass ihm fehlte um das letzte Eishockeyspiel zu gewinnen."

Noch ein Neuzugang

Peter, es kann ja sein, dass diese Spielerin fantastisch Hockey spielen kann, aber als Neuzugang für unsere Frauenmannschaft im Eishockey, muss sie insbesondere auch Schlittschuh laufen können!

Schnelligkeit

„Mensch ihr Sohn hat ja eine tierische Geschwindigkeit beim Angriff drauf, vergleichbar mit....wie heißt noch einmal das Tier mit dem Panzer auf dem Rücken?"

Der ideale Eishockeyspieler

Eishockeyväter

Zwei Eishockeyväter beobachten das Spiel ihrer Söhne beim Jugendtraining, sagt der eine:

„Also wenn man ihren Sohn auf dem eisigen Eishockeyspielfeld trainieren sieht, merkt man schon dass er in seinem Element ist."

„Wie meinen sie das?"

„Na, das mit dem Schnee und dem Stehen kennt er ja schon recht gut vom Schneemann bauen her."

Freiwurf

„Wow, das war wirklich ein bombastischer Schuss. So etwas habe ich noch nie gesehen. Dieses Abheben wie in Zeitlupe und dann diese abrupte harte Landung mit nahezu ganzer Körperfläche auf dem Spielfeld.

Ich sag es ja immer, besser man macht einen Doppelknoten in seine Schnürsenkel."

Mobilfunk

„Hallo Herr Meyer wissen sie warum uns der Trainer zuruft, wir sollen unsere handys und smartphones ausschalten?" Meyer:

„Na offenbar möchte den aktuellen Höhenflug der Mannschaft nicht gefährden und durch das Mobilfunkverbot den typischen Absturz in den letzten 5 min des Spiels vermeiden."

Der Eishockey Nerd

Saisonvorbereitung beim Hockey

Clubmitglied zum Hallenwart:
„Das hatten wir ja noch nie. So viele Clubmitglieder, die freiwillig helfen die Clubräume zu renovieren. Toll diese Moral." Hallenwart:
„Ja unglaublich wie die Nachricht um eine gefundene historische Goldmünze im Versammlungsraum die Moral verändern kann, selbst wenn es sich um meine eigene handelt, die ich verloren hatte, aber das will ja keiner hören."

Verfolgung

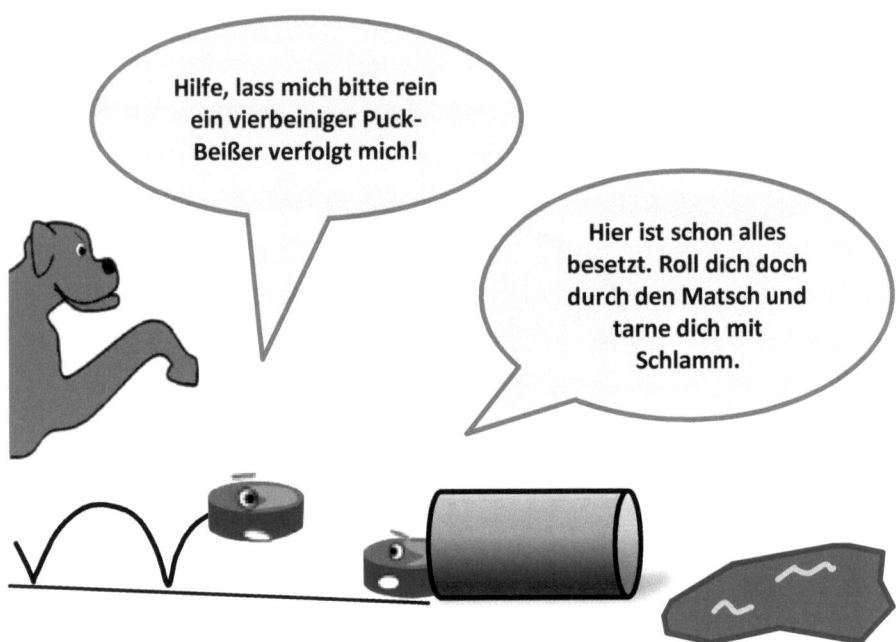

Hilfe, lass mich bitte rein ein vierbeiniger Puck-Beißer verfolgt mich!

Hier ist schon alles besetzt. Roll dich doch durch den Matsch und tarne dich mit Schlamm.

Psychologie

Trainer zu seinem Team nach dem Verbandsspiel auf dem Gelände des anderen Vereins:

„Um euren Gegner schlagen zu können solltet ihr ihn auch psychologisch gut einschätzen können. Wenn ihr z.B. merkt, dass er wütend ist und den Puck bei jeder sich bietender Gelegenheit mit großer Wucht schlagen möchte, dann lasst ihn immer fast an den Puck rankommen, dass macht ihn dann so wütend, dass er nicht mehr auf die Verteidigung achtet und dann im Angriff einfach ausgespielt werden kann. Hier zum Beispiel, nehmen wir diesen Spieler dort drüben in der Seniorenmannschaft, wie würdet ihr seine psychologische Verfassung einschätzen?" Darauf eines der Teammitglieder:

„Stark übernächtigt, Trinkerseele, humpelt leicht durch Knieverletzung, hat also Null Kondition und Beweglichkeit. Bei diesem Spieler reicht es, sich den Puck mit einem Teamkollegen hin- und her zu spielen und ihn einfach laufen zu lassen." Trainer:

„Das ist ja toll analysiert, woraus entnehmen sie denn die ganzen Details?" Teammitglied: „Na ich werde ja wohl meinen eigenen Onkel kennen."

Ureinwohner aus der Südsee

„Sag mal Peter, wer ist denn dieser komisch gekleidete Kauz da drüben der aussieht wie ein Ureinwohner aus der Südsee?" Peter:
„Ach den, den hat unser Vorstand speziell für das Hockeyturnier eingekauft."
„Kann der denn so gut Hockey spielen?"
„Das nicht, aber sofern wir bei entscheidenden Spielen zu verlieren drohen, holt er seine Voodoo-Puppe raus und beginnt mit den Verfluchungen in Richtung gegnerische Mannschaft."

Erste Hockeyerfahrungen

Der kleine Paul war das erste Mal bei einem Eishockeyspiel und hat seinen Vater beim Hockeyspielen zugeschaut. Anschließend prahlte er:
„Mein Vater ist der beste Eishockeyspieler auf der Welt. Er hat es als einziger geschafft nie den Puck zu haben."

Ansprache

Nach dem Hockeyspiel spricht der Clubvorstand vor versammelter Mannschaft: „Wir haben zwar heute nicht gewonnen, aber nach dieser Vorstellung bin ich schon froh, dass keiner bei dem Versuch an den Puck zu kommen gestolpert und tödlich aufgeschlagen ist.

Identifikation

13

Geduld

Zwei Clubmitglieder schauen sich ein Eishockeyspiel an, sagt der eine:

„Warum sitzt denn Rüdiger immer noch auf der Bank statt weiterzuspielen?" Darauf der andere:

„Na weil ihm der Trainer gesagt hat er soll auf den richtigen Augenblick zum Angriff warten."

Andacht

„Sag mal warum steht denn die ganze Mannschaft schweigend vor dem linken Tor mit gefalteten Händen, und gesenkten Kopf?"

„Na weil wir uns dort im letzten Ranglistenspiel das entscheidende Tor gegen den Klassenerhalt eingefangen haben und diesem nun die letzte Ehre erweisen."

„Und warum stehen dann alle Mannschaftsspieler da und nicht nur die Spieler, die das wirklich verursacht haben?"

„Die anderen stellen den Vollzug sicher.

Dirty Talking

Versprechen

„Sag mal, wieso trägt die Mannschaft beim Spielen jetzt ihre Sachen falsch herum, also das, was normalerweise innen ist, nach außen?"

„Na beim letzten Ligaspiel hatte sie so schlecht gespielt, dass die ganze Mannschaft versprach ihre Spielweise umzukrempeln."

„Ja schon, aber dass alle ihre Unterhose umgedreht nach außen tragen finde ich jetzt schon ein wenig geschmacklos."

Beschwerde

Das geht ja nun gar nicht. Diese Puckgröße entspricht in keiner Weise den Normen. Na, das gibt eine Beschwerde!

Verabredung

Anton und Peter trainieren außerhalb des regulären Trainings Bodychecks, da klingelt das handy von Anton. Anton nimmt ab und nach einer Weile sagt er zu Peter:

„Meine Frau hat gerade angerufen und mir gesagt, dass sie heute Abend erst sehr spät nach Hause kommen wird." Peter:
„Ja und?" Anton:
„Na sie weiß nichts von unserem Herrenabend heute und hat gesagt, dass sie mit dir den ganzen abend eine wichtige Präsentation für morgen vorbereiten muss."

Grundstück

Hast du schon gehört dass man jetzt Teile unseres Hockeyplatzes ideell kaufen kann? Man kann einen Namen vergeben, bekommt sogar eine Urkunde. Nette Sache als Geschenk. Und der Verein kann mit den Einnahmen das Clubhaus renovieren."

„Theoretisch hast du recht. Aber es gibt hier ein paar Mitglieder die das ganze etwas zu ernst nehmen."

„Wieso?"

„Na schau doch mal rechts auf den Platz, hier haben sich die Müllers den Mittelkreis gekauft und gleich komplett umzäunt."

Spieltaktik

Zwei Clubmitglieder schauen sich das Hockeyspiel von Nachwuchsspielern der U18 an, sagt der eine zum anderen:

"Also ich finde, dass die Taktik von Peters Angriffsspiel dem eines Schachspiels ähnelt."

„Aber dann muss er wohl der König sein, da er nie mehr als einen Schritt in Richtung Puck läuft."

Zielvisier

Also die Technik von Andy den Schläger als Zielvisier zu nutzen sieht schon sehr komisch aus.

Ja, ist aber auf ihre Weise effektiv. Die Gegner im letzten Spiel haben sich darüber halb krank gelacht, und in diesem Moment ein Tor von uns kassiert.

Puckjagd

Treibsand beim Hockey

„Warum stellt der Trainer auf dem Spielfeld ein Schild mit der Aufschrift ‚Achtung Treibsand, betreten verboten' auf und weshalb stehen die Mannschaftsspieler daneben und schauen gebannt zu?"

„Die Spieler sind unsere Nummer 1 Mannschaft bei den Junioren und der Trainer kann sich das schlechte Abschneiden der Mannschaft nur noch dadurch erklären, dass der Untergrund des Platzes nicht aus Eis, sondern aus Treibsand besteht."

„Das verstehe ich nicht."

„Na der Trainer hat so intensiv mit den Spielern taktisch gute Spielzüge und an der Technik gearbeitet, dass als einzige Erklärung nur noch Treibsand in Frage kommt, der im Eishockeyspiel alle guten Schläge und eintrainierten Taktiken unserer Mannschaft rückstandslos verschluckt haben muss."

Pucks

Unterhalten sich zwei Pucks sagt der eine:

„Also ich mach das nicht mehr lange mit, andauernd werde ich hart geworfen, meine Gummihaut ist schon ganz aufgeplatzt und meine Aufschrift ist kaum mehr zu erkennen. "

Darauf der andere:

„Ja was hast du denn erwartet von deinem Job als Puck im Eishockey?"

Darauf der andere:

„Das ich hart geschlagen werde, halte ich schon aus, aber beworben hatte ich mich als ordentlicher Puck und nicht als Dumm-Dumm Geschoss. Weißt du was, langsam glaube ich, dass ich das Opfer einer Verwechselung bin..."

Smalltalk

Zwei Pucks liegen in einem Behälter gedrängt nebeneinander, sagt der eine:

„Ja wie siehst du denn aus? Die Außenhaut deines Gummis wirkt so abgewetzt und ich habe gehört dass du auch nicht mehr so kontrolliert über das Eis rutschen kannst. Was ist denn los? Darauf der andere:

„Na ja gestern im Match wurde mir bei einem Strafschuss durch die extreme Drehung so übel, dass ich doch tatsächlich mit meinem Po außerhalb des Spielfelds aufgekommen bin. Dann erfolgte eine beschämende Diskussion ob ich nicht doch noch vorher den anderen Spieler zart berührt hatte und als wenn das nicht genug wäre, wurde mir auch noch vorgeworfen, ich wäre etwas verformt. Da ich nicht nachgab, nahm mich die Verlierermannschaft des Matches nach dem Spiel einfach mit und ich wurde mehrere Stunden lang zur Bestrafung einfach nur hart gedroschen bis mir endgültig die Puste ausging.

Ich kann gesundheitlich nicht riskieren, nochmals so behandelt zu werden. Ich werde alles hinter mir lassen und woanders neu anfangen.“

„Und was willst du machen?“

„Deshalb habe mich ja in den Kofferraum des Trainerautos eingecheckt und warte auf die Abfahrt.“

„Na, daraus wird wohl nichts.“

„Wieso?“

„Weil dies hier nicht der Autokofferraum des Trainers ist, sondern der Behälter eines Shredders.“

Tierisch

Eine Ziege und ein Esel spielen Eishockey. Nach einem extrem harten Schlag des Esels landet der Puck auf einem der beiden Hörner der Ziege und wird aufgespießt. Sagt der Esel: „Macht nichts, das hätte mir auch passieren können.“

Pfeifenschicksal

Netzspiel
„Den aktivsten Part in eurem Eishockeyspiel heute hatte das Tornetz auf eurer Seite."

Irre

Treffen sich zwei Irre zum Eishockey spielen, sagt der eine:

„Ach verdammt wir können nicht spielen."

Sagt der andere: „Warum nicht, was ist denn los?"

Darauf wieder der andere: „Wir haben die Würfel vergessen."

GPS

„Hallo Klaus, weißt du warum mehrere Spieler andächtig mit gesenkten Kopf und gefalteten Händen vor dem Eingang der Halle stehen?"

Klaus: „Da nach den GPS-Koordinaten des neuen billig Smartphones von Frank, sich genau dort die heilige Anlage des Petersdom in Rom befinden müsste."

Freizeithockey

Wussten sie schon, dass Freizeiteishockey unter Eishockeyprofis keine Verbreitung findet?

Ersatzschläger

Peter ist ein guter Eishockeyspieler, aber neigt zu Wutausbrüchen auf dem Spielfeld. Der Vater hat ihm gerade zwei neue Schläger gekauft. Er kommt auf Peter zu der gerade mit der Mannschaft unter freiem Himmel trainiert, übergibt ihm einen der beiden Schläger, nimmt einen Hammer aus der Tasche und haut kräftig auf den anderen Schläger ein bis dieser völlig kaputt ist. Peter ist ziemlich verdutzt und fragt seinen Vater warum er das gemacht hat. Darauf antwortet der Vater, dass er gleich den einen Schläger zerstört hat, damit er wie beim letzten Eishockeyspiel den Schläger nicht wieder vor Wut zerschlagen muss und sich nun wieder vollkommen auf das Eishockeyspiel konzentrieren kann.

Traditionelles Treffen

Die drei Familienväter Paul, Frank und Peter spielen jeden Sonntag früh zusammen Eishockey. Diesen Sonntag ist Ostersonntag und alle sind überrascht, dass es trotz Familienzwang jeden gelungen ist, zum Treffen zu kommen.

Paul: „Ich habe meiner Frau einen teuren Wellness-Gutschein geschenkt."

Frank: „Meine Frau hat von mir einen silbernen Anhänger bekommen, den sie schon immer haben wollte."

Peter: „Ich habe gestern Abend ausgiebig Knoblauch gegessen und bereits heute früh um sechs stand wie von Zauberhand meine Trainingstasche direkt neben der Tür fertig gepackt zum Abmarsch bereit."

Hammerhart!

Wussten sie schon dass unter ‚hammerharten' Spielen keine Filme mit sexuell anrüchigen Spielszenen zu verstehen sind, auch wenn manche Eishockeyspiele der nackte Wahnsinn sind?

Fürsorge

Das Eishockeyspiel hat gerade begonnen. Plötzlich spricht einer der Spieler zu einem neben ihm stehenden Spieler der anderen Mannschaft: „Schauen Sie mal den Krankenwagen, der kommt sicher wegen der hochschwangeren Frau dort drüben. Na, hoffentlich ist noch nicht die Fruchtblase geplatzt." Darauf macht der andere mit seinen Armen ausladende Winkbewegungen durch das große Panoramafenster hindurch, um dem Krankenwagen aus der Entfernung zu signalisieren, wo dieser am besten halten kann.

Dann geht das Spiel weiter. Nach dem Spiel meint noch der eine Eishockeyspieler: „Das war wirklich nett von Ihnen dem Krankenwagen zu helfen, schneller einen Halteplatz zu finden." Darauf der Spieler der anderen Mannschaft: „Ja selbstverständlich, immerhin handelt es sich bei der Schwangeren um meine Frau."

Auf den Hund gekommen

Zwei Eishockeyspieler aus verschiedenen Mannschaften trainieren an diesem Wochenende zusammen. Der eine hat einen kleinen Hund dabei und jedes mal wenn sein Herrchen gut schlägt macht dieser ein kleines Wuff und wenn er ins Tor trifft sogar einen kleinen Salto. Meint der andere: „Und was macht er wenn Du mal nicht gewinnst?". Darauf wieder der eine: „Dann fängt er an zu fliegen." Der andere: „Das ist ja phänomenal. Wie weit denn?". Darauf wieder der eine: „Je nachdem wie gut ich ihn mit meinem Eishockeyschläger auf seinen Allerwertesten treffe."

Arzt

Beim Fraueneishockey. In der Halbzeit bemerkt eine der Damen dass der begehrte Dr. Frank zugeschaut hat und fragt ihn: „Hallo Herr Doktor wie finden sie mein Eishockeyspiel?" Darauf der Doktor: „Aber meine Teuerste, sie wissen doch als Arzt unterliege ich der Schweigepflicht."

Angeber

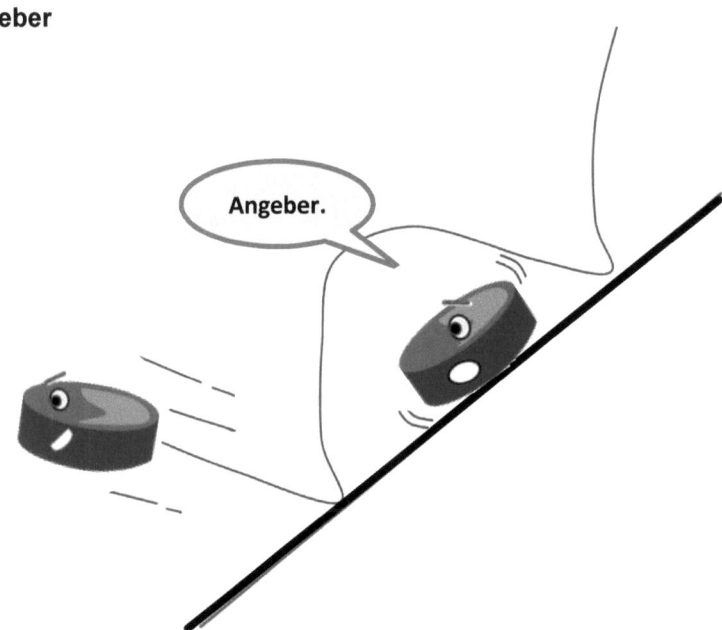

Einfach irre

Zwei Irre spielen Eishockey, wundert sich der eine, dass der Puck nicht passt, sagt der: „Das ist wirklich das Komische an Eishockey." Fragt der andere: „Was denn?"
„Na, die verkaufen Bälle in Tablettenform die nicht mal ansatzweise in die Löcher passen und dann stehen auch noch diese Fähnchenstangen mitten drin."

Entwicklungssprünge

Nach endlosen Trainings-
einheiten ist es Sabine
endlich gelungen, den
ersehnten großen Wurf in
ihrer Technikentwicklung
zu schaffen.

Herzlichen
Glückwunsch, es
ist ein Puck.

Kindergeld

Wussten sie schon, dass Eishockeyprofis trotz kindischen Verhaltens
kein Kindergeld für ihre Knallschoten beantragen dürfen?

2. Im Clubraum

Toilettengang

Ein Eishockeyspieler möchte nach dem Hallenspiel in einem Sportcenter auf die Toilette gehen. Da diese zu klein ist, um seine riesige Sporttasche mitzunehmen, muss er sie vor der Tür stehen lassen. Damit sie keiner mitnimmt schreibt er auf einen Zettel: „Wer es wagt, die Tasche wegzunehmen bekommt von mir einen harten Schlag ab wie vom besten Eishockeyspieler unserer Nationalmannschaft.". Er legt den Zettel auf die Tasche und geht dann auf die Toilette. Als er wieder raus kommt ist die Tasche weg und findet statt dessen einen Zettel auf dem Boden liegend auf dem steht: „Bei so einem harten Schuss erwarte auch kein Rückspiel."

Mannschaftsessen

Wussten sie schon, dass das traditionelle Mannschaftsessen nach einem Ligamatch kulturell unterschiedlich verstanden werden kann, so verstehen beispielsweise Kannibalen etwas völlig anderes hierunter als in unseren Breitengraden.

Gerüchte

„Weißt du schon das Neueste?"

„Nein, was denn?"

„Peter Maier unserem Vorstand geht es momentan nicht gut, ein dutzend Gläubiger sind hinter ihm her, ihm steht das Wasser bis zum Hals."

„Ja das habe ich auch gehört und morgen will er untertauchen."

Moderne Sportanlage

„Also Herr Schulz die renovierten Clubräume sind wirklich toll, eine richtige Augenweide. Und auch diese moderne Inneneinrichtung ist schon sehr schick. Am beeindruckendsten finde ich allerdings dieses imposante 3-D Eishockeybild, man könnte fast den Eindruck bekommen die Spieler bewegen sich." Darauf Herr Schulz:

„Ihr Eindruck stimmt, allerdings ist dies kein 3-D Bild sondern das Panoramafenster, das hinaus auf einen der Nebenplätze zeigt, auf welchem gerade unsere Seniorenmannschaft spielt, und die sind immerhin im Schnitt schon über 80 Jahre alt."

Garderobenhaken

Kurz vor den Verbandsspielen wurden noch die Clubräume renoviert und unter anderem wurde über fünf Garderobenhaken ein Schild angebracht mit der Aufschrift „Nur für die 1. Herrenmannschaft". Später in der Saison, nachdem die 1.Herrenmannschaft auch noch das letzte Verbandsspiel verloren hatte, klebte plötzlich am nächsten Tag ein Sticker darunter: „Auch für Kleidung und Taschen verwendbar".

Bewerbung

Eine junge gutaussehende Frau betritt das Sekretariat des Eishockeyclubs zwecks Bewerbungsgesprächs als neue Sekretärin. Zufällig hält sich der Trainer der Damenmannschaft im Büro auf und sortiert gerade hinter dem Schreibtisch die neu angekommenen Probeschlittschuhe der Größe nach, als die junge Frau den Raum betritt. Die junge Frau:

„Guten Tag, ich bin Frau Müller die Neue, erinnern sie sich an unser Telefonat?" Trainer:

„Das ist ja super, wir brauchen dringend eine Verstärkung in unserem Team, aber sagen sie mal kommen sie zufällig auch mit einer versteiften Größe 8 zurecht?"

Die junge Frau errötend:

„Das kann ich nicht sagen, mit so starken Stücken hatte ich es bislang noch nicht zu tun."

Zukunftspläne

3. Fitness und Techniktipps

Strafschuss

Schaffen sie mehr Sicherheit für ihrem Strafschuss durch Schlagen des Pucks nur mit dem einen spitzen Ende des Schlägers durch ihre Beine. Es werden ihnen außerdem die erstaunten Blicke der Zuschauer ganz gewiss sein.

Annahme des Pucks mit dem Oberschenkel

Behalten sie beim Annehmen des Puckes die technische Überlegenheit, indem sie diesen niemals zuerst mit dem Schläger annehmen, sondern stattdessen mit dem Körper auf dem Eis liegend mit einem ihrer Oberschenkel als Stoßpuffer. Und erst danach stupsen sie den Puck leicht zu ihrem Schläger. Lassen sie sich nicht beirren durch die vielen Bälle, die Ihnen ihre Gegner dann zuspielen werden, gemessen in einer Lifetime Scorecard wird ihre Mannschaft langfristig die Nase (n) vorne haben.

Voller Körpereinsatz

Holen sie mehr taktische Raffinesse aus ihrem Angriff durch einen kombinierten Einsatz hintereinander geschalteter Techniken. Täuschen sie einen direkten Angriffsschuss an, aber anstelle den Puck direkt in das Tor zu platzieren, schlagen sie ihn mit großer Wucht an den Helm eines ihrer Mitspieler, und zwar so dass der Puck durch den Abprall nun erst nach einer für die anderen Spieler unberechenbaren Flugkurve in das gegnerische Tor fliegt. Die Gegenspieler werden dadurch so verschreckt sein, dass es ab diesen Moment kein Spieler mehr versuchen wird ihnen in die Quere zu kommen.

Kondition

Mehr Ausdauer durch mentale Suggestion. Stellen sie sich einfach vor sie laufen die ganze Zeit während des Spieles Berg ab und ihre Gegner dagegen Berg auf. Suggerieren sie sich in der zweiten Stufe dann mentale Siebenmeilenstiefel. Sie werden sehen, mit ihrer neu gewonnenen mental geerdeten Kondition werden sie Berge versetzen.

Konzentration

Es ist wissenschaftlich erwiesen dass ein Sekundenschlaf eine enorm erfrischende Wirkung in kurzer Zeit erzielen kann. Daher rät der Profi bei lang anhaltenden Spielphasen direkt nach einem Schlag mal die Augen für ein paar Sekunden zu schließen. Der Erholungseffekt nach Wiederöffnen wird enorm sein. Sie werden weniger Druck verspüren und gehen erfrischt in die nächsten Zweikämpfe. Und je mehr sie diese Technik in einem Eishockeyspiel anwenden desto entspannter können sie spielen, bis hin zu einem souveränen Spielverlust mit Wohlfühlgarantie (zumindest für Sie).

Verteidigung

Bei Spielern mit zwei linken Händen wird von einer rechten Verteidigerposition dringend abgeraten.

Stirnband

Seniorenteam

Unterhalten sich zwei Eishockeyspieler, sagt der eine:

„Schau dir mal die Spieler der Seniorenmannschaft des gegnerischen Vereins an, sehen ziemlich grottig aus." Sagt er andere:

„Ach so, und ich dachte schon der Friedhof um die Ecke hätte heute Wandertag."

4. Gesundheit, Pflege & Mode

Besuch beim Psychiater

Kommt ein Puck zum Psychiater und sagt: "Also ich versuche wirklich, meinem Leben einen Sinn zu geben und bleibende Abdrücke zu hinterlassen, aber nach jedem Schlitterspur werde ich sofort wieder weitergeschlagen."

Fremdgehen

Unterhalten sich zwei Hockeyspieler, sagt der eine:

„Hast du schon das Neueste gehört?"

„Nein, was denn?"

„Eine Frau wurde von ihrem Mann beim Fremdgehen erwischt. Aus Wut hat er diese solange mit einem Puck beworfen, bis sie in die Notaufnahme eingeliefert werden musste."

„Auweia, und welche Marke hat er verwendet?"

Beim Arzt

Ein Mann beim Arzt. Nachdem dieser alle Untersuchungen abgeschlossen hat, schaut er mit ernster Miene zum Patienten und sagt: „Ich rate Ihnen dringend sofort mit dem Eishockeyspielen aufzuhören.". Patient: „Ach Herrje, Herr Doktor steht es so schlimm um mich?". Arzt: "Das nicht, aber ihre Spielergebnisse lassen keine andere Diagnose zu."

Modern Look

Unterhalten sich zwei Frauen im Restaurant des renomierten Eishockeyclubs, sagt die eine:

„Ja du hast recht dieser schäbige vintage–look ist wieder in, aber die anderen tragen mit Label und du nicht."

Jobrotation

Zeit

Frank und Peter unterhalten sich nach ihrem Eishockeymatch.

Frank: „Und Peter, wie lange spielst du schon Eishockey?"

Peter: „Seit ungefähr fünf Jahren."

Frank: „Das ist eine lange Zeit, kein Wunder dass du so müde aussiehst."

Umschulung

Outfit

„Hallo Tina, schön dass es heute mit unserer Verabredung zum Kaffeerinken auf der Terrasse des Sportcenters geklappt hat."

„Wie findest du eigentlich mein neues Outfit, das mir mein Mann letzte Woche gekauft hat?"

„Ja richtig, dass ist wirklich schade, dass ihr euch noch immer nicht versöhnt habt."

Neues Outfit

Unterhalten sich zwei junge Hockeyspielerinnen, sagt die eine: „Also immer, wenn ich ein neues Sportoutfit trage gehe ich mir gleich das nächste anschaffen." Darauf die andere: „Also bei mir ist das genau umgekehrt."

Armverletzung

Eishockeyspieler kommt mit stark bandagiertem Arm in den Clubraum. Darauf ein Clubmitglied:

„Übertrainiert?". Darauf der Eishockeyspieler:

„Nein, beim Ausruhen vom Sofa gefallen."

Lektion

Hey Trainer, ich habe die Lektion verstanden und werde den Puck im Match nicht mehr aus den Augen verlieren. Können wir jetzt wieder auf die normale Puckgröße wechseln, bitte? Ich mag es auch nicht andauernd von den Spielern der Jugendmannschaft ausgelacht zu werden.

Nichts

Creme and run

„Wow Frank, deine Beinarbeit ist einfach fantastisch. Und du hast auch ordentlich abgenommen, mindestens 10 kilo. Wie schafft man das in nur zwei Wochen?" Frank:

„Das habe ich dem neuen Fitness- und Trainingsprogramm ‚Creme and run' zu verdanken." Darauf der andere:

„Creme and run? Was ist das denn?" Frank:

„Na ja, bevor man auf das Spielfeld geht reibt man sich die Waden mit Speck ein und wenn dann das Training beginnt nimmt der Trainer seinen ausgehungerten Terrier von der Leine."

.

5. Schiedsrichter

Faul

Unterhalten sich zwei Zuschauer eines Eishockeyspieles, fragt der eine:

„Warum ruft denn der Schiedsrichter permanent Faul?" Darauf der andere:

„Der eine Spieler läuft nicht besonders viel und der Schiedsrichter ist von Beruf Lehrer und kann offenbar auch in seiner Freizeit nicht abschalten."

Umorientierung

„Vielleicht sollte einer mal dem Ersatzschiedsrichter sagen, dass wir hier nicht beim Tennis sondern beim Eishockeyspiel sind." Darauf der andere: „Wieso?" Darauf wieder der andere: „Na hör mal, es gibt beim Eishockey keinen Aufschlag, und jedes mal ,1st Serve, quiet please' zu rufen, wenn ein Spieler zu einem Torschuss ansetzt geht nun gar nicht."

Schiedsrichter

Im Eishockeyspiel. In der Halbzeit geht einer der Spieler auf den Schiedsrichter zu und drückt ihm einen Euro in die Hand. Schiedsrichter:

„Wie soll ich das denn bitte verstehen?" Spieler:

„Naja, ich dachte mir dass es sehr anstrengend für sie sein muss mehrere Stunden hier gelangweilt rumzustehen. Das müssen sie sich doch nicht antun als 1 Euro Jobber. Jetzt haben sie den Euro und können gehen wohin sie wollen."

Massage

Richterkollegen

Unterhalten sich zwei Richterkollegen, sagt der eine:
„Also ich finde ja die neu Linie, die Kollege Meyer in seiner Urteilsfindung verfolgt, schon prima.". Darauf der andere:
„Na ja, aber jeden Fall immer gleich als Abseits oder Behinderung zu bewerten, da merkt man dann schon seine Vergangenheit als Schiedsrichter beim Eishockey."

Haarpflege

Seit ich Schaumar nehme fühlt sich meine Haut viel elastischer an.

Vibrationen

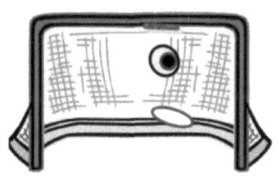
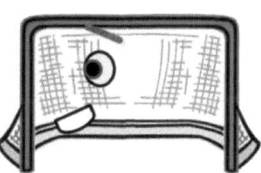

Was ist denn mit Manfred los? Hat er einen epileptischen Anfall oder so?.

Nein, er kommt gerade aus einem Eishockeyspiel, und hatte mehrere harte Pfostentreffer hintereinander verkraften müssen.

6. Trainer & Training

Puckschicksale

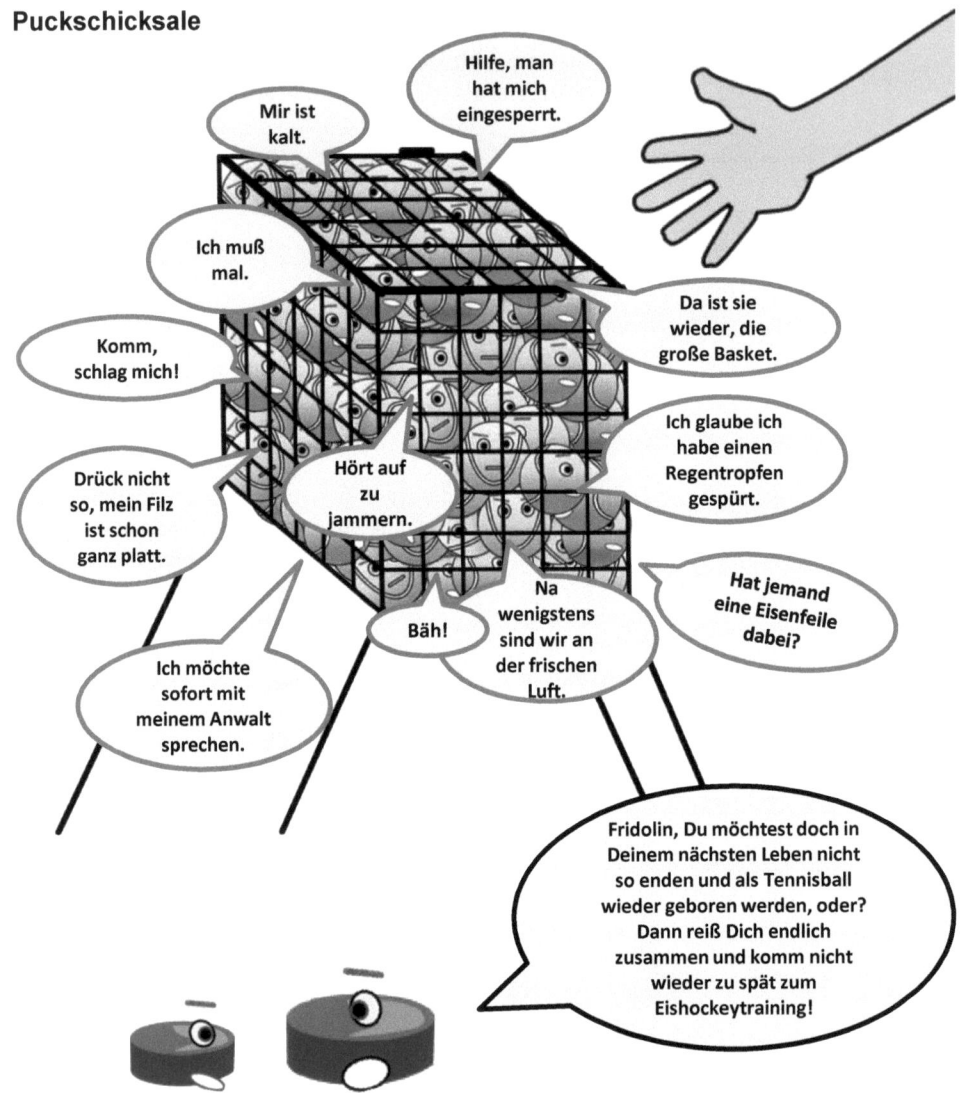

40

Netzspiel

Sagt der Trainer zu einem der Spieler:

„Also Frank, wenn ich Dir sage Du sollst den Puck in das Netz schlagen, dann meine ich natürlich das Tor. Das Aufbewahrungsnetz mit den Ersatzteilen ist hierbei nicht gemeint, auch wenn es Netze-technisch entfernte Ähnlichkeiten aufweist.

Zaungäste

Spricht der Eishockeyprofi zu einem Zuschauer während des Trainings:

„Seit zwei Stunden stehen sie nun schon am Platzrand und schauen mir dabei zu wie ich versuche, meine Schlagtechnik zu verbessern. Wie wäre es, wenn sie versuchen würden, selbst mal zu spielen?" Darauf der Zuschauer:

„Nein danke, dazu bin ich viel zu ungeduldig."

Taxi Shuttle

Nach dem Eishockeyspiel kommt der Trainer zur Mannschaft, welche gerade verloren hat und sagt: „Ich habe euch einen Shuttlebus direkt vor dem Eingang der Anlage bestellt, es wird in 4 Stunden da sein, d.h. ihr musst sofort losgehen um noch rechtzeitig da zu sein."

Ausbildung

Im Ausbildungslehrgang für angehende Eishockeytrainer. Ausbilder: „So nun habt ihr fast alles gelernt bis auf eine ganz wichtige Sache, die für den Erhalt eures Trainervertrages bzw. Kontingentes von großer Bedeutung ist. Bitte setzt jetzt alle eine ernste Miene auf und sprecht mir nach: Du bist ein echtes Talent. Aus dir kann mal was ganz großes im Eishockey werden."

Eishockeycrack

Der Lehrer unterhält sich mit Peter: „Und Peter was machst du so in deiner Freizeit?" Peter: „Ich spiele intensiv Eishockey. Letzte Woche habe ich sogar ein internationales Jugendturnier gewonnen und bin dadurch mit der Mannschaft unter die Top 3 in Europa hochgerutscht."

Lehrer: „Aber Peter, das wusste ich ja gar nicht. Das könnte natürlich deine schlechten Noten in der Schule erklären. Du wirst ja wahrscheinlich jeden Tag trainieren müssen und hast dann kaum noch Zeit für die Hausaufgaben."

Peter: „Ja genauso ist es. Aber wenn es zu viel wird, dann zieht meine Mutter schon mal den Stecker aus dem PC."

Wertvolle Tipps

In der Halbzeit spricht der Trainer zur Mannschaft welche gerade hinten liegt: „So und nun macht ihr mal was ganz Verrücktes."

Spieler: „Was denn?"

Coach: „Trefft den Puck."

Tor haben wollen!!!

Letzte Worte

Die letzten Worte eines Hockeytrainers:

„So und nun alle Schläger zu mir..."

Federball

Schau mal Peter an, wie kann man nur so tief sinken.

Erfrischung

„Ich muss schon sagen, sehr erfrischend wie unsere Verteidiger spielen. Nein, nicht was sie jetzt denken, sondern sie sorgen als Luftnummer durch ihre unkoordinierten Bewegungen immer wieder für frische Verwirbelungen mit kühlendem Luftstrom."

Clubtrainerin

Die Clubtrainerin, welche einen riesen Busen hat sucht neue Übungsleiter zur Verstärkung des Trainerteams. Auf die Anzeige hin melden sich drei junge Männer. Nach dem Vorspielen ruft sie den ersten Kandidaten in das Vereinsbüro und stellt dann dem Bewerber einige Fragen. Zum Gesprächsabschluss stellt sie noch die Folgende:

„Fällt Ihnen irgendetwas Besonderes an mir auf?" Darauf der junge Mann:

„Sie haben einen monströsen Busen." Trainerin:

„So eine Frechheit, verschwinden sie sofort!". Dann ruft sie den Zweiten herein und auch ihm stellt sie am Ende des Gespräches die Frage:

„Fällt Ihnen irgendetwas Besonderes an mir auf?". Der junge Mann:

„Sie haben einen monströsen Busen." Clubtrainerin:

„Verlassen sie sofort das Büro!". Dann kommt der dritte Proband ins Büro und am Ende kommt wieder die Frage:

„Fällt Ihnen irgendetwas Besonderes an mir auf?". Darauf der junge Mann:

„Sie tragen einen wirklich bemerkenswerten Gürtel." Darauf die Trainerin erleichtert und ein bisschen geschmeichelt:

„Finden sie dass er mir steht?" Junge Mann:

"Nein, das nicht, aber ohne dessen Halt würde ihr monströser Busen glatt auf den Boden klatschen."

Anklage

Wenn du mich noch einmal so hart schlägst, verklag ich dich.

44

Götterdämmerung

Unterhalten sich zwei Vereinsmitglieder, sagt der eine:
„Achtung auf dem Spielfeld geht gleich die Vorstellung los." Darauf der andere
„Wie, was denn für eine Vorstellung?"
„Na die Götterdämmerung." Darauf der andere:
„Ich versteh nur Bahnhof, ich sehe nur den Trainer mit Peter, die gerade ihr
Training starten." „Na eben, der kapiert doch schon zum x-ten mal nicht die
neue Schlagtechnik und nach spätestens 15 min hörst du wiederholt den Trainer
brüllen: ‚Mein Gott, wann dämmert bei dir denn endlich die Technik!"

Spüren

Halbstarke

Amateur Eishockeyspieler

„Herr Pauli ich weiß dass sie als Buchhalter sehr genau sein müssen, aber wenn ich ihnen zurufe dass sie den Puck ins Mittelfeld bringen sollen, dann natürlich nicht in einer Plastiktüte hergetragen und mit der seitlichen Positionierung ist auch nicht das Stellen neben dem Eishockeyplatz gemeint."

Gang nach Kanossa

Der Angreifer kurz vor dem Spiel: „Der Weg von den Umkleideräumen zum Spielfeld ist aber lang in diesem Verein und dann immer durch diese vielen Türen, das ist echt mühselig." Darauf der Trainer:
„Keine Sorge der Rückweg wird einfacher." Angreifer:
„Wieso?" Trainer:
„Na mit deiner Einstellung wird uns unser Gegner heute so platt machen, dass ich dich nachher beim Rückweg problemlos unter den Türen durchschieben kann."

Brille

100 Prozent

Nach dem Match kommt der Trainer zu seinen Spielern und sagt:
„Ihr habt heute alle Punkte gemacht."
Spieler: „Wieso wir haben doch glatt verloren."
Trainer verärgert: „Ja deswegen ja."

Jonglieren

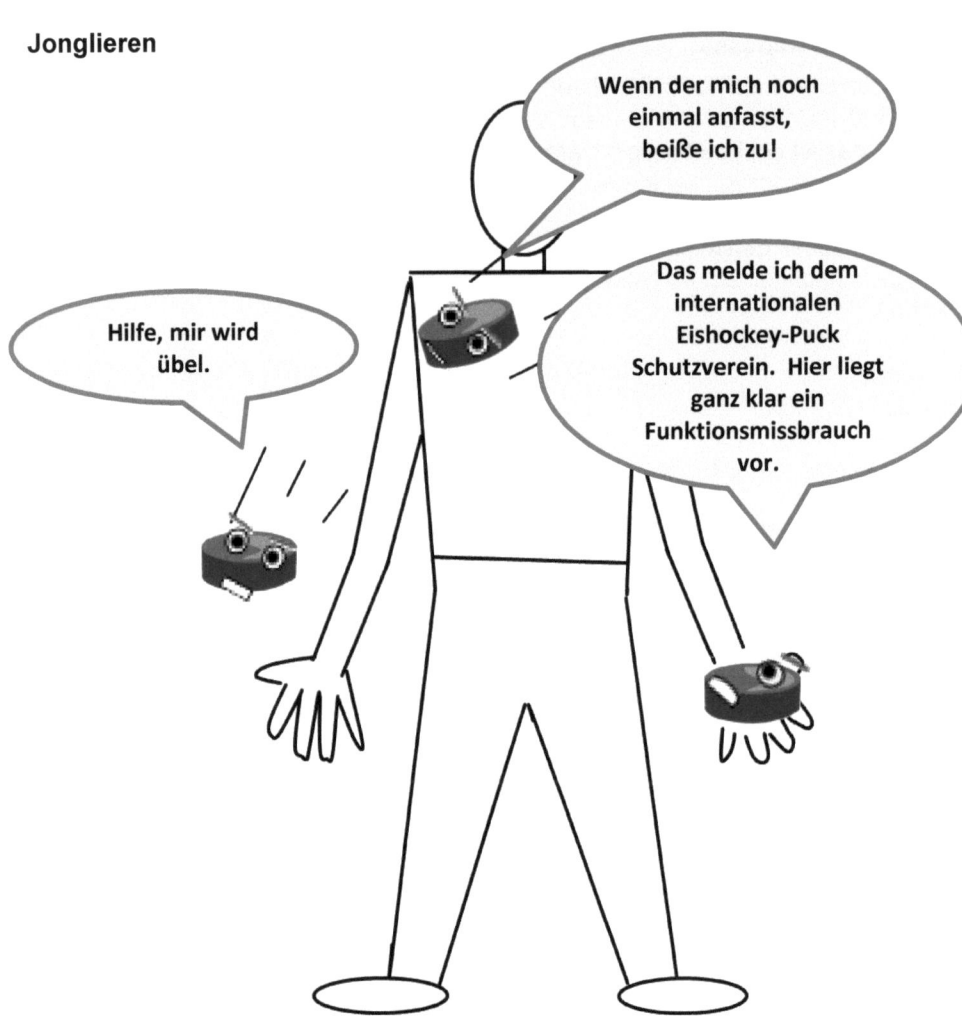

Auf der Tribüne

Auf der Zuschauertribüne während eines Eishockeyspiels dreht sich eine Zuschauerin, die einen sehr ausladenden Hut trägt, zu ihrem Hintermann um und fragt: „Stört sie mein Hut beim Zuschauen?" Darauf der Mann:

„Nein überhaupt nicht und wenn sie sich wieder nach vorne drehen würden, dann könnte ich auch wieder mein Bier drauf abstellen."

Tragende Rolle

49

7. Im Stadion

Allgemeinwissen

Spricht ein Journalist im Interview zum Eishockeyprofi: „Man sagt ja durch das viele Training leidet das Allgemeinwissen bei den Profis, da keine Zeit zum Lernen übrig bleibt." Darauf der Profi: „Nein, das kann ich so nicht bestätigen." Darauf wieder der Journalist: „Na gut, dann beantworten sie mir bitte die folgende Frage: Wo liegt Russland?" Darauf der Eishockeyprofi:

„Na, weit kann es nicht sein, da unser Trainer Struganoff jeden Tag zu Fuß zum Training kommt."

Karrierehilfe

Fragt der Journalist den erfolgreichen Eishockeyprofi: „Und sie haben ihre Karriere ganz alleine ohne Hilfe geschafft?" Darauf der Eishockeyprofi:

„Das kann man so nicht sagen. Es gab da immer diese kleinen Hartgummischeiben die ich zum Sieg gebraucht hatte."

Hilfestellung

Nach dem Eishockeyspiel humpelt ein älterer Zuschauer gestützt auf zwei Krücken zu einem der Spieler der Verlierermannschaft, reicht ihm eine der Krücken und sagt: „Die brauchen sie dringender als ich."

Zuschauer

Auf der Tribüne im Eishockeystadion. Kurz nachdem die Namen der beiden Mannschaften genannt wurden, steht einer der Zuschauer abrupt auf und schickt sich an zu gehen, da fragt ihn sein Sitznachbar: „Wo wollen Sie denn jetzt noch hin, das Spiel beginnt doch jeden Moment." Sagt der andere: „Habe ich letztes Jahr schon gesehen".

Auge

Nach Ende des Matches reibt sich einer der Verteidiger beim Verlassen des Spielfeldes intensiv die Augen, fragt ein Zuschauer: „Das war also der Grund warum ihre Mannschaft verloren haben, sie hatten Probleme mit den Augen und waren dadurch gehandiicaped?" Darauf der Spieler: „Nein, Schlaf im Auge."

Suche

Bei einem Eishockeyspiel ertönt folgende Stadiondurchsage:

„Achtung liebe Gäste, der kleine Peter ist verloren gegangen. Er trägt kurze Hosen und ein blaues Hemd. Falls ihn jemand sieht oder er selbst diese Durchsage hört, bitte umgehend beim Stadionsprecher melden....(für einen kurzen Moment nur dumpfes Gemurmel zu hören)...und mir wurde gerade noch mitgeteilt, dass sich Peter auch auf dem Parkplatz aufhalten könnte, er fährt einen blauen Mercedes mit dem Kennzeichen B-WU3578."

Ausrüstung

Peter, du hast dich wieder mal reinlegen lassen. Das sind keine hypermodernen Schlittschuhe! Sondern stinknormale Rollschuhe!

8. Verrückte Berufe

➜ Gehegereiniger bei Puma

➜ Streifenzähler bei Adidas

➜ Cheerleader auf der Punktrichter-Bank

➜ Hallenwart bei Mario Eishockey

➜ Wischmusterdesigner auf dem Spielfeldboden

➜ Ersatzrichter bei Eishockey online

➜ Balljunge in der Damendusche

➜ Puck Streichler bei Adidas

Neue Jobs braucht das Eishockey

Die Spielervereinigung hat beschlossen mehr Arbeitsplätze bei den Eishockeyturnieren zu schaffen, um den Komfort für die Spieler zu erhöhen. Nun gibt es:

- Frischwind Zufächler

- Eis von Schlittschuhen Klopfer

• Schweiß Abtupfer

• Schlaf aus Augen Reiber

Darüber hinaus wird der flankierende Einsatz von Blindenhunden zur Unterstützung von Kampfrichtern mit Tomaten auf den Augen diskutiert.

Holzarbeiten

Wussten sie schon dass Bretter vor dem Kopf nicht nur die Sicht auf das Eishockeyspielfeld einschränken, sondern auch Zaungäste provozieren können?

Schuld

Weitere Traumjobs aus der Eishockeybranche...

➜ Strickmuster-Designer beim Tornetzhersteller

➜ Linienlecker auf dem Spielfeldboden

➜ Playback Stöhner bei Fehlschlägen

➜ Seiltänzer auf der Torlinie

➜ Punktezüchter in der Bundesliga

➜ Schweissband-Bodenturner in der Neutralen Zone

➜ Stumpfes Schusshindernis in der Verteidigungszone

➜ Statist in der Damenumkleidekabine

➜ Doppelpartner für den einsamen Torwart

➜ Kreisspieler auf der Mittellinie

Spezialisierung

Lieber Peter, also grundsätzlich ist ja nichts gegen eine Spezialisierung im Eishockeyteam zu sagen, und dass Angreifer auch schnell sein müssen ist auch klar. Aber dass diese nur schnell sind, reicht nun bei Weitem nicht aus.

9. Clubtätigkeiten

(und wie sie **nicht** vergeben werden sollten)

Hallenwart: Tunichgut mit Schnarchzapfen Diplom

Schiedsrichter: Hans-guck-in-die-Luft

Clubsekretariat: Gewitterziegen mit Schreckschraubenappeal

Clubtrainer: Luftgitarrist

Trainingsteam: In Schießbudenfiguren konvertierte HB-Männchen

Vorstand: Jammerlappen

Finanzen: Raffzähne und falsche Fünfziger

Koch Clubrestaurant: Spaghettisultan

Betreiber Club Shop: Marktschreier mit dubioser Im- und Export Expertise

Oberschiedsrichter: Perückenschaf mit Schlafkappenattitüde

Organisator Events: Fatalisten

Clubkommunikation: Quatschköpfe mit großem Tratschmaul

Mannschaftsführer: Als Klabautermänner verkleidetet Psychopaten

1. Junioren: Königsberger Klopse mit Baumschulzeugnis

1. Juniorinnen: Als Zimperliesen geoutete Milchmädchen

1. Herren:	Platzhirsche
1. Damen:	Wuchtbrummen
1. Senioren:	Tattergreise mit Zauselgarantie
1. Seniorinnen:	Schabracken mit Schrulleffekt

Sportschicksale

10. Eishockey in 100 Jahren

→ Erklärungen/Interviews nach dem Eishockeyspiel führt eine verschwitzte Avatarversion der Eishockeyspieler.

→ Es gibt Duschen direkt auf dem Platz. So dass auch während des Spiels die Spieler sich durch eine schnelle Dusche erfrischen können.

→ Statt Mineralwasser gibt es eine Drogenmixtur aus Fencheltee, Cola, aufgelösten Kaffeebrühwürfeln und alter Capri Sonne.

→ Während der Autogrammstunde fährt ein rollender Drucker zwischen den Fans umher und druckt und verteilt ununterbrochen Autogrammkarten solange bis alle vergeben sind. Mehrfachverteilungen an gleiche Personen werden dabei in Kauf genommen.

→ Spieler haben Anspruch auf ein Fußbad im Rahmen des Spiels. In Zukunft steigt die Wichtigkeit des Gesundheitsaspektes enorm an und der Fuß bekommt nun nach jahrelangen Fehltritten und Herumgeschlitter im Eishockey endlich die Anerkennung, die er schon lange verdient hat.

→ Durch mobile Rückenwindmaschinen gibt es einen ordentlichen Rückenwind für den, der gerade im Besitz des Pucks ist.

→ Ein ausdauernder Frischwindfächler spendet jedem Spieler die ganze Zeit Frischluft indem er ihn das gesamte Hockeyspiel hindurch mit einem großen Fächer hinterherläuft.

→ Schlechte Angreifer haben nun die Möglichkeit für die entscheidenden Würfe im Rahmen eines *Outtaskings* einen guten Torschützen zu mieten.

→ Zur Abkühlung nach dem Eishockeyspiel ist nur das Bad in der Menge oder das Bad im Ruhm des Erfolges gestattet.

→ Um weiter entfernte Pucks noch erreichen zu können, wird es die Intelligente maschinelle Armverlängerung geben, die sich automatisch über ein entsprechendes Implantat aktiviert.

→ Es wird intelligente Eishockeybrillen geben, welche just-in-time die aktuelle Spielsituation analysieren und zielgenau Hinweise geben können wohin der nächste Puck optimal zu platzieren ist und wohin man danach laufen muss.

→ Es wird eine in die Torpfosten eingebaute Bar geben, welche frische Drinks zusammen mixen kann, die direkt während des Spiels konsumiert werden können.

→ Es wird eine Stöhn Maschine geben, die immer dann stöhnt, wenn es der Eishockeyspieler während der Schlagausführung mal vergessen hat.

→ Die Plätze werden für die Gastmannschaft in Richtung generische Spielfeldhälfte abschüssig sein, um den Heimvorteil der Heimmannschaft wieder fair auszugleichen.

→ Eishockeyspiele werden nur noch von Robotern bestritten, menschliche Spieler sind im Vergleich einfach nicht mehr gut genug und agieren nur noch als Puckholer und Ölkannenhalter.

11. Gesucht wird ...

..ein neuer Vereinstrainer

Unser neuer Vereinstrainer muss den folgenden Anforderungen gerecht werden:

➢ Muss Tag und Nacht zur Verfügung stehen um **allen** Bedürfnissen der Clubmitglieder gerecht zu werden.

➢ Technikerausbildung gefordert zur kostenlosen Reparatur sämtlicher Geräte...von den Vereinsmitgliedern.

➢ Der Vereinstrainer ist auch der Schlüsselträger vom Isolationsraum im Clubhaus, um trainingsunwillige Eishockeyspieler bei Widerspruch als Strafe für gewisse Zeit wegzusperren zu können.

➢ Muss trinkfest sein, um kurz vor entscheidenden Eishockeyspielen die Spieler der Gegenmannschaft, gelockt durch Gratisdrinks unter den Tisch trinken zu können.

➢ Führen einer Hunde- und Katzenpension in der Urlaubszeit für die Tiere der Clubmitglieder.

➢ Betreiben einer Website zur Partnervermittlung um die 1.Mannschaft durch Abwechslung motiviert zu halten, natürlich erst nach persönlichen Qualitätscheck der Probanden/innen.

➢ Bei Reisen mit der 1.Mannschaft zur Saisonvorbereitung muss der Trainer vor Ort im Hotel Küchenarbeit leisten um die Reisekosten für den Verein möglichst gering zu halten.

➢ Arrangement ‚zufälliger' Unfälle für die Top Player des nächsten gegnerischen Teams.

- Lernen mit Elektroschocks; Fachkenntnisse als Elektriker notwendig zum fachgerechten Einbau und Wartung entsprechender Vorrichtungen in den Trainingsschuhen der Spieler inklusive zentraler Fernbedienung.

- Pflichtbesuch des Seminars ‚Moderne Motivations(rat)schläge ohne Narbenbildung' als Selbstzahler.

- Bereitschaft zeigen, sich notfalls wochenlang nicht zu waschen um die Leistung der Gegner in den Verbandsspielen durch gezieltes Stinken negativ zu beeinflussen (z.B. Zuschauen in der Nähe der gegnerischen Spielerbank, Spielernähe suchen durch Stellen von dummen Fragen).

- Muss sowohl wüste Beschimpfungen als auch körperliche Züchtigungen der Vereins- und Teammitglieder bei verlorenen Punkten/Spielen ohne Gegenwehr hinnehmen bzw. über sich ergehen lassen. Dient damit auch positiv der Agressionsbewältigung der Spieler.

- Beherrschung perfekter Techniken um den Spielern übertrieben lautes Stöhnen, Brüllen, Fluchen bei verlorenen Puckbesitz beizubringen und damit zur Störung der Konzentration der Gegner im Spiel beizutragen.

..ein neuer Mannschaftsspieler

- Muss sexy oder absolut hässlich sein, um durch Auswahl entsprechender Kleidung, oder auch gezieltes Weglassen derselben die Spieler/innen der Gegenmannschaft aus dem Konzept zu bringen.

- Muss sich genau über die Spieler der gegnerischen Mannschaft informieren, um durch gezielte Gemeinheiten und treffende Beleidigungen die Gegenspieler zu verunsichern.

- Muss eine Woche Kellnerdienst im Clubcafe ohne Bezahlung pro verlorenen Spiel ableisten.

> Hat schauspielerisches Können nachzuweisen. Für einen taktischen Spielabbruch sind Erfahrungen in Simulation von Herzattacken und psychopathischen Ausrastern mit massiven Bedrohungsgesten Richtung Gegenspieler erforderlich.

> Soll über Fähigkeiten als Entertainer bzw. auch Pausenclown verfügen zwecks Hebung der Stimmung und Moral der Mannschaft in den Halbzeiten.

Verliebt

61

Neuzugang

Service

Schlagende Verbindung

> Na, du kannst es wohl kaum erwarten
> hart geschlagen zu werden, was?
> Leider muss ich dir mitteilen, dass dein
> Hockeyspiel heute ausfällt.
> Dafür habe ich aber Zeit...

Annoncen aus der Clubzeitung

- Vermiete großräumigen Hosenstall für Ausdauertraining

- Einsamer Wanderpokal sucht zementierten Sockel zum Anlehnen

Fachberatung aus erster Hand

> Also, das kannst du doch besser.
> Versuche links außen
> durchzukommen und dann den
> direkten Schlag aufs Tor.

12. Zehn Anzeichen, dass sie verrückt nach Eishockey sind

1. Die Ausrichtung ihrer Wohnung geschieht nicht nach Feng Shui sondern nach der Struktur eines Eishockeyspielfeldes

2. Der Handschlag erfolgt nur noch mit Eishockeyhandschuh

3. Die Zaunhöhe in ihrem Garten entspricht genau der Höhe eines Pucks

4. Sie genießen das Gefühl, einen neuen Hockeyschläger in der Hand zu halten mehr als die Berührungen ihrer Frau.

5. Sie kennen alle Spielergebnisse ihres Eishockeyvereins vom Wochenende auswendig, haben aber keine Ahnung, was gerade in der Welt vorgeht.

6. Sie finden es witzig mal etwas anderes anzuziehen als ihre Sportsachen

7. Sie finden das voll fair, dass ihr/e Partner/in fremdgeht, wenn sie dadurch mehr Freiraum fürs Eishockeyspielen bekommen.

8. Sie hören bei einem romantischen candle light dinner nur dann ihrem Gegenüber zu, wenn dieser bestimme Schlüsselworte fallen lässt, wie z.B. Icing, Forechecking oder Bodycheck

9. In ihrem Navi ist ihr Eishockeyclub als Heimatadresse hinterlegt

10. Sie kaufen nur noch Stifte mit eingebauten Mehrwert fürs Hockeyspielen z.B. mit Puckhalter oder Trillerpfeife

13. Das wirklich Allerletzte

Jobliebe

Filzmantel

Kultur & Eishockey

Zwei Freunde machen einen Kombinationsurlaub ,Kultur & Eishockey' am Mittelmeer. Am Marktplatz im Urlaubsort erhalten sie vom Reiseleiter Instruktionen:

„Sie gehen jetzt diese Straße dort drüben lang, da werden sie auf dem Weg zur Hotelanlage auf einheimische Straßenhändler treffen, die landestypische Waren im Angebot haben und mit denen sie auch feilschen können. Weiter hinten begegnen Ihnen noch einige Straßenmusiker. Am Ende des Weges liegt die Hotelanlage mit dem Eishockeystadion in welchem sie heute zwei Stunden kostenlos zusammen mit einem ehemaligen Eishockeyprofi trainieren dürfen."

Die beiden Freunde machen sich gleich auf den Weg und starten ihre Tour die besagte Straße entlang. Bereits nach ein paar Metern gabelt sich diese und da beide abgelenkt sind und sich bewundernd eher die hübschen Häuser mit ihrer üppigen Blumenpracht der Balkone anschauen, laufen sie statt den Weg zur Hotelanlage zu nehmen, den Weg zum Hafen herunter. Nach ein paar Minuten begegnet Ihnen ein Einheimischer der den beiden Uhrimitate und ,etwas zu rauchen' verkaufen möchte, was beide sofort ablehnen. Daraufhin werden sie wüst beschimpft und bevor der Verkäufer verschwindet, spuckt er auch noch verachtend vor ihnen aus. Etwas geschockt und verwirrt gehen die Freunde weiter die Straße entlang, als sie plötzlich von mehreren Männern mit der Forderung nach Geld in eine dunkle Seitengasse gedrängt werden. Beiden wird ein Messer an die Kehle gehalten und zwar so stark und lebensbedrohlich, dass bereits etwas Blut den Hals der Touristen herunterläuft. Da meint der eine Freund:

„Ich glaube der Reiseleiter hat uns reingelegt, und wenn wir am Hotel sind, müssen wir bestimmt auch noch für das Eishockeytraining heute bezahlen."

Apfel

Hey Kumpel, du bist ja so still. Leidest du an Frühjahrsmüdigkeit? Oder fehlt dir nur der richtige Biss? Probiere es mal mit frischem Obst.

Luxusliner

„Also Paul ich muss schon sagen, es ist richtig cool so unter freiem Himmel auf dem Luxusliner Hockey zu spielen. Diese leichte frische Brise, der tolle Ausblick und erst der strahlend blaue Himmel, aber eine Sache ist schon lästig, alle paar Minuten die fliegenden Fische aus dem Tornetz zu puhlen die sich hier im Vorbeiflug immer wieder verfangen."

Ehrung

Knie nieder Spieler. Aufgrund deiner hervorragender Leistungen in diesem Match schlage ich dich zum Ritter.

Absprung

Blind Date

Zwei Zuschauer eines Eishockeyspiels unterhalten sich, sagt der eine: „Ich glaube der linke Verteidiger verwechselt das Spiel mit einem blind date." Fragt der andere: „Wieso?" Darauf wieder der andere; „Na weil der wie mit Tomaten auf den Augen spielt."

Ausrüstung

Frank, zum letzten mal, mit Pudelmütze und lockerer Freizeitkleidung kannst du nicht am Ligamatch teilnehmen!

Eishockey for ever

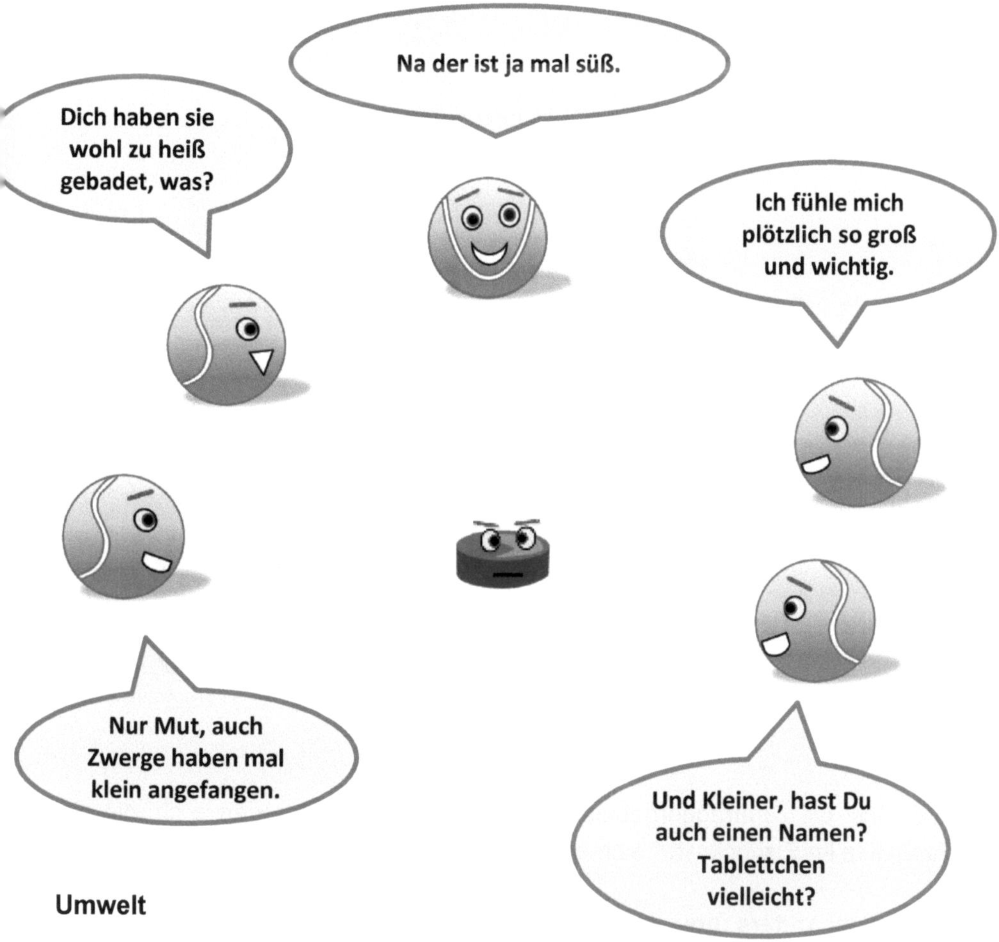

Na der ist ja mal süß.

Dich haben sie wohl zu heiß gebadet, was?

Ich fühle mich plötzlich so groß und wichtig.

Nur Mut, auch Zwerge haben mal klein angefangen.

Und Kleiner, hast Du auch einen Namen? Tablettchen vielleicht?

Umwelt

Bitte daran denken:
Nicht mehr gebrauchte ebooks bitte fachgerecht entsorgen!

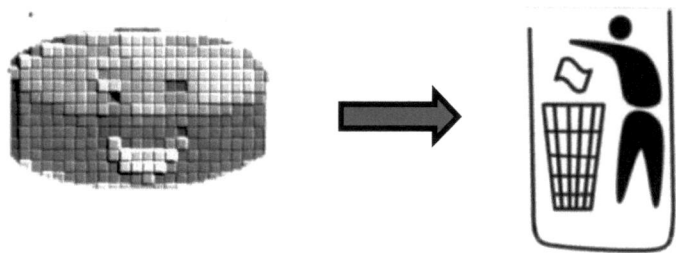

Aktuelle Umfrage

‚Benötigen Eishockeyvereine mehr IT Fachexperten?'

Nein: 0%

Ja: 0

1.　If Ja <101 then Ja = Ja +1

2.　If Ja <101 then Print ‚Ja:'Ja'%'; Goto 1.

3.　end

Ja: 1%

Ja: 2%

Ja: 3%

Ja: 4%

.....

Wie uns die Umfrageergebnisse eindeutig zeigen, erfreuen sich die IT Fachleute im Eishockeybereich einer wachsenden Beliebtheit.

Eishockey anders interpretiert

Bälletransport

Also Leute ich kann euch nur sagen, ein Glück sind wir keine Tennisbälle. Die armen Schweine werden nicht artgerecht in Massen via Netz transportiert. Ich sag es ja immer, als Puck haben wir echt Schwein gehabt.

Torwart

Pah Torwart, wer braucht den? Das schaffe ich auch alleine!

Pucks im Eimer

Bücher von Theo von Taane:

„Mein Schlag war nicht zu weit,
macht doch das Feld länger !"
ISBN: **9783735794604**

„80% meiner Freizeit verbringe
ich hilflos in Drehtüren!"
ISBN: **9783735758125**

ebook Spiele von Theo von Taane:

„Schnappt Ede!"
Für 2 - 4 Spieler; Alter: 6 – 99 Jahre
ISBN: **9783734721748**

„Die spannende Geschenkejagd!"
Für 2 – 4 Spieler; Alter: 6 – 99 Jahre
ISBN: **9783734721755**

„Das Kuck-Kuck Spiel !"
Alter : 0 – 3 Jahre
ISBN: **9783734723827**

„80% meiner Freizeit verbringe
ich hilflos in Drehtüren!"
ISBN: **9783735758125**

Inhaltsverzeichnis

Untertagewerk – Das Leben ist hart, bisher hat es noch keiner überlebt!

Abhubfantasien – Bergab geht's schneller als zu Fuß!

Internetmysterien – Gibt es Freunde außerhalb von Facebook?

Bonap Petit – Ich nehme nicht einfach zu, ich gebe Kalorien ein Zuhause!

Relativitätstheorie – Du und ich, wir sind schon ein tolles Trio!

Körperertüchtigung – Das Wichtigste am Schweißausbruch ist das ‚w'!

Tierfreunde – Falls jemand heute abend Schäfchen zählen will: Eins fehlt, ich hatte heute Lamm!

Wissen schafft Platz – Ein Drittel? Nicht mit mir, ich will mindestens ein Viertel!

Abenteuer Einkauf – Im Supermarkt klauen gehen und nach dem Kassenbon fragen!

Jahrestage – Da will man mal in Ruhe das ganze Haus putzen und was passiert? Man hat keine Lust!

Dies & Das – Oh nein! Mein betrunkener Zwilling war wieder unterwegs!

Der Wunschknopf – Zuerst hatte ich kein Glück, und dann kam noch Pech hinzu!

Untertagewerk – Das Leben ist hart, bisher hat es noch keiner überlebt!

Auf dem Friedhof

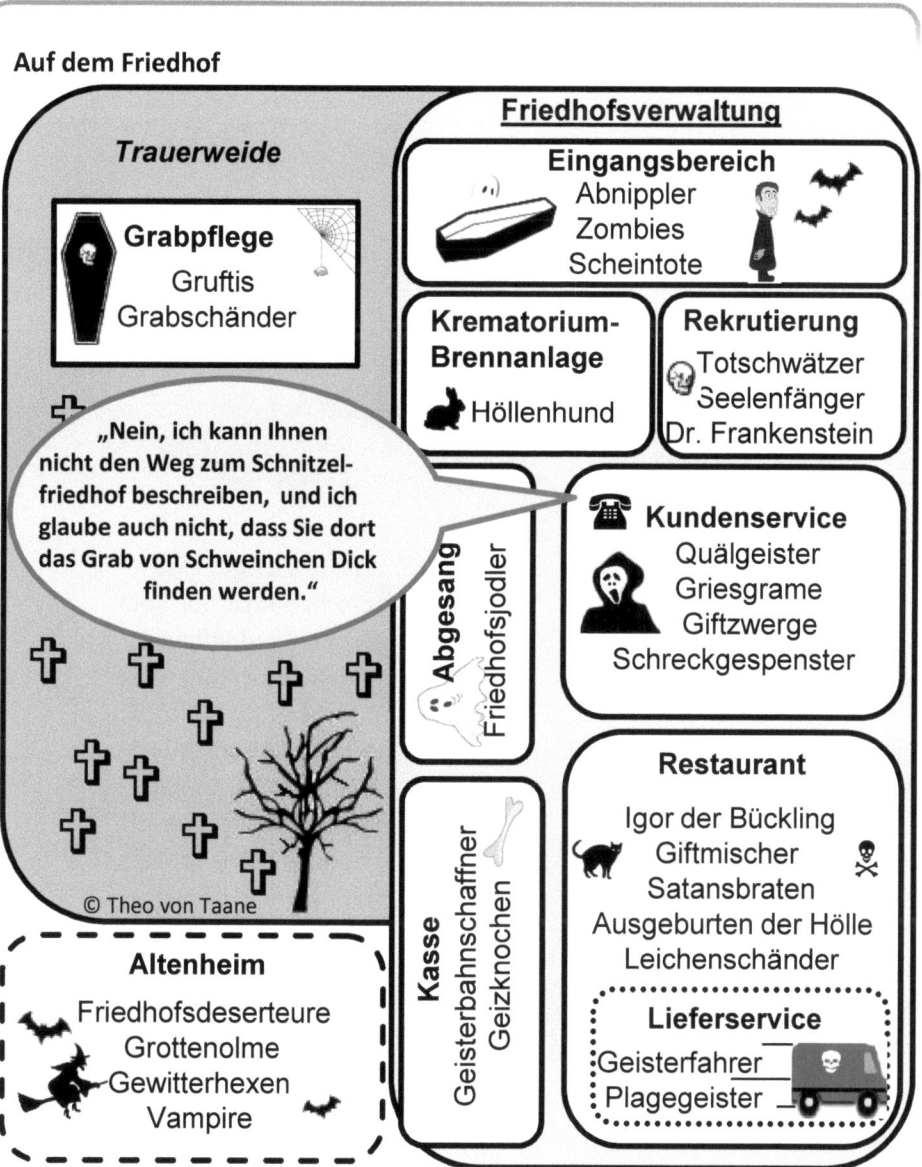

Friedhofsverwaltung

Trauerweide

Grabpflege
Gruftis
Grabschänder

Eingangsbereich
Abnippler
Zombies
Scheintote

Krematorium-Brennanlage
Höllenhund

Rekrutierung
Totschwätzer
Seelenfänger
Dr. Frankenstein

„Nein, ich kann Ihnen nicht den Weg zum Schnitzelfriedhof beschreiben, und ich glaube auch nicht, dass Sie dort das Grab von Schweinchen Dick finden werden."

Kundenservice
Quälgeister
Griesgrame
Giftzwerge
Schreckgespenster

Abgesang
Friedhofsjodler

Restaurant
Igor der Bückling
Giftmischer
Satansbraten
Ausgeburten der Hölle
Leichenschänder

Lieferservice
Geisterfahrer
Plagegeister

Kasse
Geisterbahnschaffner
Geizknochen

© Theo von Taane

Altenheim
Friedhofsdeserteure
Grottenolme
Gewitterhexen
Vampire

Im Solarium

© Theo von Taane

<u>Abhubfantasien</u> – Bergab geht's schneller als zu Fuß!

Auf dem Flughafen

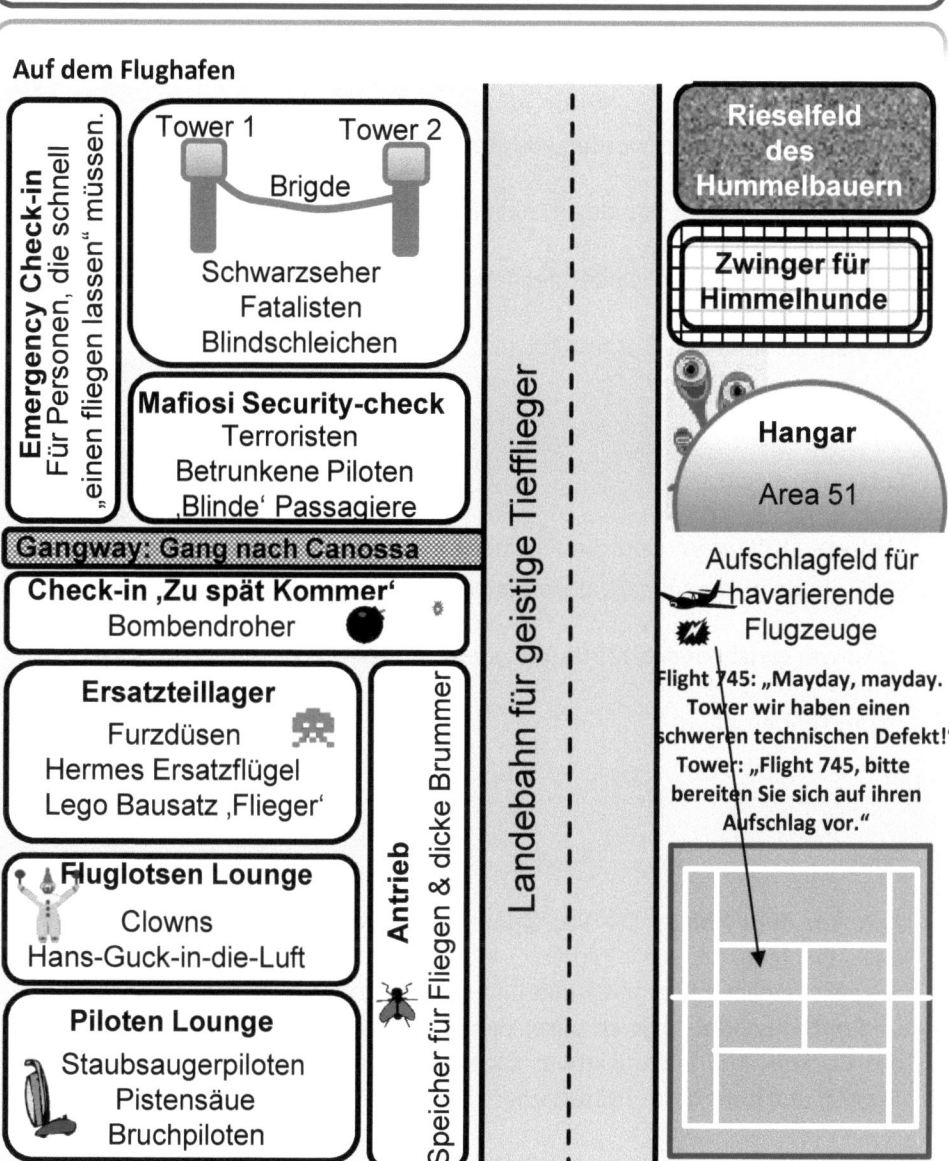

Emergency Check-in
Für Personen, die schnell „einen fliegen lassen" müssen.

Tower 1   Tower 2

Brigde

Schwarzseher
Fatalisten
Blindschleichen

Mafiosi Security-check
Terroristen
Betrunkene Piloten
‚Blinde' Passagiere

Gangway: Gang nach Canossa

Check-in ‚Zu spät Kommer'
Bombendroher

Ersatzteillager
Furzdüsen
Hermes Ersatzflügel
Lego Bausatz ‚Flieger'

Fluglotsen Lounge
Clowns
Hans-Guck-in-die-Luft

Piloten Lounge
Staubsaugerpiloten
Pistensäue
Bruchpiloten

Antrieb
Speicher für Fliegen & dicke Brummer

Landebahn für geistige Tiefflieger

Rieselfeld des Hummelbauern

Zwinger für Himmelhunde

Hangar
Area 51

Aufschlagfeld für havarierende Flugzeuge

Flight 745: „Mayday, mayday. Tower wir haben einen schweren technischen Defekt!" Tower: „Flight 745, bitte bereiten Sie sich auf ihren Aufschlag vor."

© Theo von Taane

77

Notfall

Der Pilot aufgeregt an den Tower:

„Mayday, mayday. Der Motor ist ausgefallen und wir befinden uns im direkten Sinkflug! Wir werden alle sterben!!!" Darauf der Tower:

„Nur die Ruhe, Sie sehen das zu negativ." Pilot verwundert:

„Was, wieso?" Darauf wieder der Tower:

„Na, Sie wissen doch, Totgesagte leben länger."

Luftkurierdienst

„Unsere Luftkuriere sind die Flexibelsten in der ganzen Luftfahrtindustrie und schon von einem ganz besonderen Schlag". Darauf der Andere:

„Wie von welchem denn?" Darauf wieder der Andere:

„Vom Taubenschlag."

Pilot

Kurz vor dem Abflug. Die Passagiere sitzen bereits und warten noch auf das Erscheinen des Piloten. In diesem Moment taucht dieser augenscheinlich blind, mit Hund und Blindenstock am Flugzeugeinstieg auf und entschwindet sogleich unter den erstaunten Blicken der Passagiere in das Cockpit. Ehe jemand etwas sagen kann, ist die Maschine bereits am Starten und hebt unter hysterischem

Geschrei der Passagiere sauber ab. Nachdem die Maschine am Zielort ebenso wieder problemlos gelandet ist, geht einer der Passagiere zu dem Piloten, als dieser gerade die Maschine verlassen will und spricht ihn an:

„Wie haben Sie denn das schaffen können, völlig blind, die Maschine so sicher zu starten, zu fliegen und auch wieder zu landen?"

„Ach das ist nichts Besonderes, das war Teil meiner Ausbildung."

Antwortet der Hund.

Ausrüstung

Das Flugzeug ist am Abstürzen direkt über dem Meer, da sagt der eine Pilot:

„Um Gottes Willen, wir werden ins Meer stürzen!!!". Darauf der andere:

„Das ist dumm, genau jetzt habe ich natürlich meine neue Taucherbrille nicht dabei."

Landung

Freitag abend auf dem Rückflug FFM nach BLN. Das Flugzeug kreist schon seit einer halben Stunde über dem Flughafen und wartet ungeduldig auf eine Landegenehmigung vom Tower. Der Co-Pilot hält es nicht mehr aus und funkt wieder den Tower an:

„Flight 4711 an Tower: Wann bekommen wir endlich grün für eine Landebahn. Flight 4711 Ende." Darauf meldet sich der Tower:

„Tower an Flight 4711: Die Erlaubnis kann nur unser Supervisor erteilen. Tower Ende." Darauf wieder der Pilot:

„Flight 4711 an Tower: Wann wird uns der Supervisor die Landeerlaubnis erteilen? Flight 4711 Ende." Darauf der Tower:

„Tower an Flight 4711: Nicht vor Montag, solange ist er noch in Urlaub. Tower Ende."

Im Cockpit

„80% meiner Freizeit verbringe ich hilflos in Drehtüren!"
*ISBN: **9783735758125***